Giovanni Alessandro Brambilla

Verfassung und Statuten der josephinischen

medizinisch-chirurgischen Akademie

Samt der Ordnung bei Beförderungen zu Magistern und Doktoren der Chirurgie

Giovanni Alessandro Brambilla

Verfassung und Statuten der josephinischen medizinisch-chirurgischen Akademie
Samt der Ordnung bei Beförderungen zu Magistern und Doktoren der Chirurgie

ISBN/EAN: 9783743454620

Hergestellt in Europa, USA, Kanada, Australien, Japan

Cover: Foto ©Suzi / pixelio.de

Manufactured and distributed by brebook publishing software
(www.brebook.com)

Giovanni Alessandro Brambilla

Verfassung und Statuten der josephinischen

medizinisch-chirurgischen Akademie

Verfassung und Statuten

der josephinischen medizinisch = chirurgischen

Akademie

sammt der

Ordnung

bei Beförderungen zu Magistern und Doktoren
der Chirurgie.

Auf Befehl
Seiner kaiserl. königl. apostolischen Majestät

Joseph des zweyten

von

Joh. Alexander von Brambilla.

WIEN,
gedruckt bei Johann Thomas Edlen von Trattnern,
kaiserl. königl. Hofbuchdruckern und Buchhändlern.

1 7 8 6.

Inhalt

I. Abtheilung.

Verfassung, und Statuten der josephinischen medizinisch = chirurgischen Akademie.

I. Kapitel.

Erhebung des Instituts zu einer Akademie: das kaiserliche Diplom darüber.

II. Kapitel.

Klassen der akademischen Mitglieder: Vorsteher: Wahl der Mitglieder: derselben pflichten überhaupt.

III. Kapitel.

Versammlungen der Akademie: Gegenstände der Versammlungen.

IV. Kapitel.

Preisaufgaben: Beurtheilung der Preisschriften: Zuerkennung der Preise der ersten Klasse, die in einer goldenen Medaille bestehen.

A 2   II. Ab=

II. Abtheilung.

Ermunterung der Schüler, und Ordnung bei Beförderung derselben zu Magistern, und Doktoren der Chirurgie.

I. Kapitel.

Ermunterung der Zöglinge, die sich noch in der Schule befinden, durch jährliche Preise der zweyten Klasse, die in silbernen Medaillen bestehen.

II. Kapitel.

Eigenschaften derjenigen, welche zu Magistern der Chirurgie befördert werden wollen: Prüfung derselben.

III. Kapitel.

Eigenschaften derjenigen, welche die Beförderung zu Doktoren der Chirurgie ansuchen: Prüfung derselben.

IV. Kapitel.

Die eidliche Angelobung für beide.

V. Kapitel.

Beförderungstaxen und Verwaltung der Kasse: Ausfertigung des Diploms.

VI. Kapitel.

Rechte, und Vorzüge: welche mit dem Diplome verbunden sind.

Seine

Seine kaiserl. königl. apostol. Majestät haben zur Gründung eines medizinisch = chirurgischen Instituts mit wahrhaft kaiserlichen Aufwande ein prächtiges Gebäude aufgeführt, die Säle und Kabinete desselben mit allen in den verbreiteten Zweigen der theoretischen und ausübenden Arzeney erfoderlichen Büchern, Werkzeugen und Hülfsgeräthschaften bereichert, endlich zum Unterrichte in den sämmtlichen Theilen der medizinisch= chirurgischen Wissenschaft die gewähltesten Lehrer angestellet.

Die wohlthätige Sorgfalt des erhabenen **Stifters** vereiniget bei diesem Institute den für das Beste ihrer Staaten, und der gemeinschaftlichen Menschheit zweyfach nutzbaren Endzweck:

Einer medizinisch = chirurgischen Akademie, wo Männer von unterscheidendem Verdienste ihre Einsichten und Bestreben zur Vervollkommung einer Wissenschaft vereinbaren sollen, von der die leidende Menschheit in so unzählbaren Fällen des Lebens Hilfe und Erleichterung zu erwarten berechtigt ist: und

Ein

Einer medizinisch = chirurgischen Lehranstalt, in welcher Eigenschaft durch Unterricht geschickte Chirurgen zum Dienste des gemeinen Wesens gebildet werden sollen.

Nach dieser zweyfachen Bestimmung enthält gegenwärtiges Werk

I. Die **Verfassung** und **Statute** der josephinischen medizinisch = chirurgischen Akademie.

II. Die **Ermunterungen** der Schüler, und Ordnung bei Beförderung (*) derselben zu Magistern und Doktoren der Chirurgie.

I. Ab=

(*) Die Ordnung und der Zusammenhang des ganzen Unterrichts ist in einem besondern Werke enthalten, welches die Aufschrift hat: Instruktion für die Professoren der k. k. chirurgischen Akademie. Wien 1784.

I. Abtheilung.

Verfaſſung und Statute der joſephiniſchen
mediziniſch = chirurgiſchen Akademie.

I. Kap.

Erstes Kapitel.

Erhebung des Instituts zu einer Akademie; das kaiserliche Diplom hierüber.

---

§. I.

Seine Majestät geruhten das von allerhöchst denselben gestiftete medicinisch = chirurgische Institut durch ein allergnädigstes Handschreiben vom 13 Hornung 1786 zu einer Akademie unter der Benennung der josephinischen medicinisch = chirurgischen Akademie zu erheben, und derselben unter DERO eignen Unterzeichnung folgendes Diplom ausfertigen zu lassen:

B   Wir

Wir Joseph der Zweyte von Gottes Gnaden er=
wählter römischer Kaiser, zu allen Zeiten Mehrer des
Reichs, König in Germanien, zu Jerusalem, Hungarn, Bö=
heim, Dalmatien, Kroatien, Slavonien, Gallizien und Lodo=
merien, Erzherzog zu Oesterreich, Herzog zu Burgund, zu Lo=
thringen, zu Steyer, zu Karnten und zu Krain, Großherzog zu
Toskana, Großfürst zu Siebenbürgen, Marggraf zu Mähren,
Herzog zu Brabant, zu Limburg, und Lutzemburg und zu
Geldern, zu Würtemberg, zu Ober = und Niederschlesien, zu
Mayland, zu Mantua, zu Parma, Placenz, Guastalla,
Auschwitz und Zator, zu Kalabrien, zu Baar, zu Montferat
und zu Teschen, Fürst zu Schwaben und zu Charleville, ge=
fürsteter Graf zu Habsburg, zu Flandern, zu Tyrol, zu Hen=
negau, zu Kiburg, zu Görz und zu Gradiska, Marggraf des
heil. römischen Reichs, zu Burgau, zu Ober = und Nieder=
laußnitz, zu Pont a Moußon und zu Romeni, Graf zu Na=
mur, zu Provence, zu Vaudemont, zu Blankenberg, zu Züt=
phen, zu Saarwerden, zu Salm und zu Falkenstein, Herr
auf der windischen Mark und zu Mecheln.

Um dem Theile der Nazion, welcher zur Vertheidigung des ge=
meinschäftlichen Vaterlandes, für die Rechte unsers Thrones und die
Sicher=

Sicherheit seiner Mitbürger sein Leben jeder Gefahr preis zustellen, über sich nimmt, unsere besondere Achtung zu erkennen zu geben, und zur Erleichterung seiner ehrenvollen, aber beschwerlichen Pflicht beizutragen, haben Wir in unserer Hauptstadt eine eigne vollständige militar=medicinisch chirurgische Lehranstalt mit den hiezu nöthigen Lehrämtern errichtet, zur Bekleidung dieser Lehrämter die geschicktesten Männer gewählet, ein eigens dazu gewidmetes Gebäude vom Grunde aus führen, und solche mit allen zum Unterrichte gehörigen Instrumenten, Kunstgeräthen, und andern Erfordernissen aller Gattung reichlich versehen lassen.

Um nun diesem zu standgebrachten Institute ein offenbares Merkmal unsers Schutzes zu geben, und zugleich den Umfang seiner Nutzbarkeit auf unsere sämmtlichen Unterthanen zu erweitern: so ertheilen Wir demselben

1tens. Gegenwärtiges von Uns eigenhändig unterzeichnetes Diplom, wodurch Wir solches zu einer öffentlichen k. k. medizinisch=chirurgischen Akademie erheben, und in dieser Eigenschaft, so viel den chirurgischen Zweig der Arzneywissenschaft betrifft, ihr alle Vorrechte verleihen, welche den Universitäten in unsern Staaten und Ländern verliehen sind. Kraft dieser Vorrechte hat diese Akademie

B 2

2tens.

2^{tens} Das Befugniß, diejenigen Schüler, welche bei ihr den ordentlichen Lehrgang vollendet, und in den vorgeſchriebenen Prüfungen von den erworbenen Kenntniſſen in der Medizin, und chirurgiſchen Wiſſenſchaft zureichende Beweiſe abgelegt haben, zu **Magiſtern**, und **Doktorn der Chirurgie** zu befördern und als ſolchen die gewöhnlichen **Diplome** auszufertigen.   Wollen auch

3^{tens} und verordnen hiemit unſern ſämmtlichen hohen, und niederen Stellen, daß die von dieſer Akademie beförderten Magiſter, und Doktoren der Chirurgie in **dieſer Eigenſchaft** in allen unſern Reichen und Ländern anerkennt werden, ihre Kunſt aller Orten ſowohl bei dem Militar als Civil auszuüben berechtiget, auch ſonſt zu allen öffentlichen, und landesfürſtlichen der Chirurgie angemeſſenen Aemtern, und Bedingungen zu gelangen, fähig ſeyn ſollen.

4^{tens} Endlich verleihen Wir der **Akademie** zu dem Sigille bei Ausfertigung ihrer Diplome, und anderer akademiſchen Urkunden unſer Inſiegel mit folgender Umſchrift.

Academia cæſ. reg. Joſephina Medico-chirurgica Vindob.

Wie ſolches in dem beikommenden Entwurfe zu ſehen iſt.

Ge=

Gegeben in unserer Haupt, und Residenzstadt Wien: den fünften Tag des Monats April: im Siebenzehnhundert sechs und achtzigsten Jahre, unserer Regierung der römischen im drey und zwanzigsten, der erbländischen im sechsten.

Joseph.

Leopoldus Comes à Kollowrat,
Reg^{is.} Boh^{iæ.} Sup^{us.} & A.A.pr^{mus} Canc^{ius}

Johann Rudolph Graf Chotek.

Tobias Philipp Freyherr
von Gebler,

Ad Mandatum Sac^æ Cæf^s.
Regiæ Majeftatis proprium

Joseph von Sonnenfels.

§. II.

Dieſe Akademie wird ſtets unter dem unmittelbaren hohen Schutze des **regierenden Landesfürſten** ſtehen, dergeſtalt, daß der jedesmalige Direktor alle Verordnungen, welche die Akademie betreffen, immer unmittelbar von dem **Monarchen** zu erhalten, gewürdiget werden, auch ihm bei allen wichtigen Vorfällen und Angelegenheiten der Akademie ſich gerade an **die höchſte Perſon des Monarchen** zu wenden, erlaubt ſeyn ſoll.

Zweytes Kapitel.

Klaſſen der akademiſchen Mitglieder: Vorſteher: Wahl der Mitglieder: Pflichten überhaupt.

§. III.

Die Akademie wird aus **Mitgliedern von drey Klaſſen:** nämlich, aus **wirklichen, einverleibten** und **korreſpondirenden** beſtehen: ihre ordentliche Anzahl iſt für die **erſte Klaſſe** auf **dreyſſig,** für jede der **beiden andern** auf **zwanzig** beſtimmt.

§. IV.

§. IV.

Die erste Klasse begreift die **Professoren der Akademie**, die **Professoren der Chirurgie und Anatomie** sowohl in der Hauptstadt als den **Provinzen der Monarchie**, wie auch den **kommandirenden Stabschirurgus** in dem mit dem Institute vereinigten Hospitale.

Ob nun gleich diese sämmtlich geeignet sind, den Titel **wirklicher Mitglieder** zu erhalten, und in solcher Eigenschaft den akademischen Sitzungen beizuwohnen, so werden dennoch die eignen **Professoren der Akademie**, wie auch der **kommandirende Stabschirurgus**, da sie schon vermög ihres Amtes **wirkliche akademische Mitglieder** sind, von den andern dieser Klasse durch den Titel **beständiger Mitglieder** unterschieden.

§. V.

Zu einverleibten Mitgliedern der **zweyten Klasse** werden angenommen **Professores der Chirurgie und Anatomie**, oder ausübende **Chirurgen auswärtiger Staaten**.

§. VI.

Der dritten Klasse der **korrespondirenden Mitglieder** werden sowohl **Inländer**, als fremde **Professoren** und **Chirurgen** einverleibt.

leibt. Wenn die **Korrespondenten** sich um die Akademie wesentliche Verdienste erwerben, so können sie in der Folge als **Einverleibte** angenommen werden.

§. VII.

Der **beständige Direktor** der Akademie ist derjenige, dem die Stelle eines **Protochirurgen der Armee**, und zugleich die Stelle des k. k. **Leibchirurgen** allergnädigst anvertraut ist.

§. VIII.

Da aber der Direktor wegen Krankheit, oder aus andern Ursachen abwesend zu seyn, genöthiget seyn könnte; auch seine häufigen Geschäfte bei der Akademie ihm einen Gehilfen unentbehrlich machen, so wird ihm ein **Vicedirektor** beigegeben, welcher **alle Jahre** wechselweise in einer Versammlung von dem Direktor und den fünf Professoren der Akademie **gewählt** werden soll. Die Wahl des Vicedirektors hat jedesmal einen Tag nach Ostern, mithin einen Tag vor dem Anfange der Vorlesungen zu geschehen; ist aber auf die fünf **Professoren** der Akademie **eingeschränkt**.

§. IX.

Aus diesen fünf Professoren wird jährlich auch der **Sekretär** der Akademie zu wählen seyn: dessen Wahl jedoch dem Direktor **allein** überlassen ist: der also zu dem Sekretariate aus den Professoren denjenigen benennen kann, den er für die mannigfaltigen Verrichtungen dieses Amts den schicklichsten hält.

§. X.

Um zu einem akademischen Mitgliede aufgenommen, und erkannt zu werden, wird von dem Anwerber gefodert, daß er über einen medicinischen, oder chirurgischen Gegenstand eine in **deutscher**, oder **lateinischer** Sprache verfaßte wichtige **Abhandlung**, oder seltne und getreue Beobachtungen von wichtigem Gehalte **einsende**, welche die Gutheissung der Akademie erhalten müssen.

§. XI.

Sollte daher ein Mann von entschiedenem Verdienste, der durch seine bekannt gemachten Werke bereits Ruf und öffentliche Achtung erworben hat, der Akademie als Mitglied einverleibt zu werden wünschen, so wird derselbe, um der allgemeinen Ordnung Genüge zu leisten, wenigstens seine Werke an die Akademie einzuschicken haben.

C   §. XII.

§. XII.

Die offen gewordenen Stellen der **Mitglieder** werden in einer Versammlung der Akademisten wieder besetzet. Solche Berathschlagungen über die Wahl neuer Mitglieder können ohne Einwilligung des Direktors, und dessen Gegenwart nicht vorgenommen werden.

Jedem Akademisten wird es zur Pflicht gemacht, bei Abgebung der Stimmen mit unpartheyischer Strenge zu verfahren, und, indem er die Ehre der Akademie zur Absicht nimmt, weder die Stelle, die ein Anwerber bekleidet, noch irgend eine Empfehlung, sondern eigenthümliches Verdienst, und, was hier allein den Vorzug entscheiden muß, bewährte Geschicklichkeit in Ausübung medicinisch-chirurgischer Kenntnisse im Gesichte zu haben.

§. XIII.

Wenn durch die gesammelten Stimmen der Anwerber für würdig erkannt worden, so macht der Direktor im Namen der Akademie von der geschehenen Wahl eine schriftliche Anzeige an des Hrn. Hofkriegsrathspräsidenten **Excellenz**, welcher hierüber den Vortrag an **Se. Majestät den Kaiser** abgeben wird.

Nach

Nach erhaltener allerhöchsten Genehmhaltung werden des Hrn. Hofkriegsrathspräsidenten Excellenz die Gewogenheit haben, dem neuerwählten wirklichen und einverleibten Mitgliede von Sr. Majestät wegen, einen Ankündigungsbrief zu schreiben, solchen aber dem Direktor der Akademie sowohl zur behörigen Bestellung zu übergeben, als, damit dieser von der allerhöchsten Bestättigung dadurch versichert werde. Die korrespondirenden Mitglieder erhalten ihr Ankündigungsschreiben von der Hand des Direktors unter dem kaiserlichen akademischen Injiegel. Die neuerwählten und bestättigten sowohl wirklichen, und einverleibten, als korrespondirenden Mitglieder werden alsdann dem Register der Akademie einverleibt.

§. XIV.

Die Mitglieder der ersten und zweyten Klasse, welche beide den akademischen ordentlichen Sitzungen beizuwohnen das Recht haben werden, wenn sie nach geschehener Aufnahme zum erstenmale in der Akademie erscheinen, bei ihrer Ehre in die Hand des Direktors angeloben: daß sie die akademischen Statuten aufdas getreuste befolgen, und alle Akademisten als so viele geliebte Brüder ansehen wollen, die sich mit einem von freundschaftlichen Gesinnungen erfüllten Herzen vereint haben, für das Wohl der Menschheit, und die Aufnahme der Akademie zu arbeiten. Zur Bestättigung und Pfande dieser wechselseitigen Vereinigung werden sämmtliche Akademisten nach der Reihe den neuen Mitbruder umarmen.

C 2   §. XV.

§. XV.

Obgleich der **Endzweck**, aus welchem diese medicinisch-chirur= gische Akademie gestiftet worden, und die Benennung eines Mitglieds derselben den sämmtlichen Akademisten in Ansehen ihrer **Verbindlich= keiten** überhaupt keinen Zweifel übrig läßt, so sind dennoch diejenigen Mitglieder, welche sich innerhalb der Gränzen der Monarchie be= finden, durch mehrere und nähere Verhältnisse verpflichtet, für die Aufnah= me und den Ruhm des Instituts zu arbeiten; und erwartet man daher von jedem derselben, daß sie der Akademie jährlich wenigstens eine **Abhandlung** von bedeutendem Inhalte, oder eine **wichtige Beob= achtung** vorlegen werden.

§. XVI.

Die Mitglieder in der **Hauptstadt** werden den Auftrag über= nehmen, von allen **neuen literarischen Werken**, deren Inhalt für die Akademie anziehend und wichtig seyn kann, **körnichte Auszüge** zu ma= chen, und solche an bestimmten Tagen in den Versammlungen vorzu= lesen. Da es jedem Mitgliede angenehm seyn muß, sich mit allen Neuigkeiten, die in dem Gebiete der Arzneywissenschaft erscheinen, auf eine so leichte Art bekannt zu machen, so werden ohne Zweifel sich alle willig dazu verstehen, woferne sie nach ihren Sprachkenntnissen derglei= chen Auszüge aus **deutschen**, oder **lateinischen**, **wälschen**, **französischen** und **englischen Werken** zu liefern, insbesondere **angewiesen werden**.

Drit=

Drittes Kapitel.

Versammlungen der Akademie; Gegenstände der Versammlungen.

§. .XVII.

Die Geschäfte der Akademie werden in ordentlichen und ausserordentlichen Versammlungen abgehandelt, für welche in dem akademischen Gebäude ein eigner Saal gewidmet ist.

§. XVIII.

Die ordentlichen Versammlungen, oder akademischen Sitzungen sollen ausser den Feyertagen, den Osterferien, und den Schulferien, oder so genannten Vakanzen, alle **Donnerstag**, zur Winterszeit Nachmittag um zwey Uhr, im Sommer um drey Uhr gehalten werden, und jedesmal durch 2 Stunden dauren. Sollte es sich ereignen, daß die Arbeiten sich über das Gewöhnliche häuften, oder die Akademie in einem, keinen Aufschub leidenden bringenden Falle um Rath ersucht würde, so werden diese Versammlungen auch ausser dem Donnerstage gehalten werden.

C 3   §. XIX.

§. XIX.

Die **aufferordentlichen** Sitzungen hingegen werden über Ange=
legenheiten gehalten, die auf die **innere Ordnung** und Verfaſſung der
Akademie, auf Statuten, u. d. g. Beziehung haben. Zu dieſen treten
allein zuſamm der Direktor, Vicedirektor, Sekretär, und die beſtändigen
Mitglieder, nämlich die **Profeſſoren** der Akademie und der komman=
dirende **Stabschirurgus** vom Spital.

§. XX.

Den ordentlichen Verſammlungen aber ſind ſowohl die **wirkli=
chen**, als einverleibten Mitglieder, auch die auswärtigen, woferne
ſie hier anweſend ſind, beizuwohnen berechtiget. Daher ſollen **alle** an=
weſenden Mitglieder der **erſten** und **zweyten Klaſſe** mit Vorwiſſen des
Direktors jedesmal zu den Sitzungen eingeladen, und von Tag und
Stunde benachrichtiget werden. **Korreſpondirende Akademiſten** haben
in die Verſammlungen keinen Zutritt, es ſey dann in einem erheblichen
beſonderen Falle, oder, wenn ſie der Akademie eine Sache von Wichtig=
keit vorzutragen, etwas von Wichigkeit vorzuleſen hätten.

§. XXI.

Den **Vorſitz** bei den Verſamm'ungen führet der **Direktor.**
In deſſen Abweſenheit vertritt der **Vicedirektor** ſeine Stelle; jedoch
muß

muß dem Direktor über alles, was während seiner Abwesenheit bei der Akademie behandelt wird, von dem Stellvertreter ausführlicher Bericht gegeben werden.   Jedes Mitglied wird sich von selbst bescheiden, daß es dem vorsitzenden Vicedirektor zu der nämlichen achtungsvollen Rücksicht, wie dem Direktor selbst, verpflichtet ist.   Wenn der Direktor zugegen ist, nimmt der Vicedirektor zu dessen Rechte den Platz ein.

§. XXII.

Den dritten Rang dem Direktor zur Linken nimmt in den Versammlungen der Sekretär der Akademie, dann folgen zu beiden Seiten, zuerst die beständigen, diesen zunächst die übrigen wirklichen, endlich die einverleibten Akademisten, woferne welche zugegen sind; sämmtlich nach dem Alter ihres Eintritts in die Akademie.

§. XXIII.

Die zwölf ersteren wirklichen Mitglieder der Akademie, diejenigen nämlich, welche in der Hauptstadt wohnhaft sind, empfangen bei jeder akademischen Sitzung für die Anwesenheit eine von dem aller= durchlauchtigsten Stifter bewilligte Denkmünze, welche das Brustbild Desselben auf der einen, und auf der Gegenseite die Aufschrift hat: Academia medico - chirurgica militaris.   Diese Denkmünze wird von dem Direktorium nach vollendeter Sitzung ausge= theilt,

theilt, und muß der Akademist, um solche zu empfangen, der ganzen Sitzung beigewohnt haben. Bei dem Empfange der Medaille zeichnet sich jeder eigenhändig in das Protokoll der Versammlung ein; wodurch die Gegenwart, oder Abwesenheit eines jeden auf das unläugbarste bestättiget wird.

§. XXIV.

Wirkliche Mitglieder, die durch den Verlauf eines Jahres für die Akademie auf irgend eine Weise etwas zu leisten, unterlassen, verlieren für das darauf folgende zweyte Jahr ihren Anspruch auf diese Denkmünze, welche von der Akademie als ein Erkenntlichkeitszeichen gegeben wird. Die auf diese Art, oder wegen Abwesenheit der Mitglieder nicht vertheilten Münzen werden zusamm als vorräthig beigelegt.

§. XXV.

Zu verhindern, daß bei den Versammlungen in Vertheidigung einer Meinung, oder bei sonst einem Anlasse niemand sich durch Eifer und nichts beweisende Hitze zu weit führen lasse, ist jedes Mitglied verbunden, sobald der Direktor mit dem Glöckchen ein Zeichen gibt, das Stillschweigen zu beobachten. Auf den Fall — dessen Ereignung aber sich bei Männern von Denkungsart nicht einmal vermuthen läßt — daß ein Mitglied störrig genug wäre, nach gegebenem Zeichen noch fortzufahren, und die Geschäfte mit hitzigem Gezänke zu unterbrechen,

ist

ist der Direktor berechtiget, zu befehlen, daß es aus der Versammlung abtrete.

§. XXVI.

Die vorzüglichsten Gegenstände der ordentlichen Versammlungen sind: die Beurtheilung eingesendeter Schriften: die Bestättigung und Berichtigung besonderer Beobachtungen in Absicht auf chirurgische Operationsmethoden, oder auf gewisse innerliche, oder äusserliche Arzneyen: Berathschlagungen über schwerere Krankheitsfälle, und die Begehung des Ehrengedächtnisses für verstorbene Mitglieder.

§. XXVII.

Die Abhandlungen, Beobachtungen, oder was sonst immer für Aufsätze und Schriften an die Akademie, müssen postfrey eingesendet werden. Der gewöhnliche Umschlag derselben ist: an den Sekretär der josephinischen medicinisch = chirurgischen Akademie. Sollten solche Aufsätze unter der Aufschrift des Direktors einlaufen, so werden sie von diesem ebenfalls dem Sekretär der Akademie zugeschickt. Der Sekretär hält über alle einkommenden Aufsätze ein genaues Protokoll; worein er den Tag des Empfangs und den Titel derselben trägt, dann aber dem Direktor davon Nachricht gibt, welcher die Ordnung

D

be=

beſtimmet , nach der ſie bei der Verſammlung in **Vortrag** gebracht werden ſollen.

§. XXVIII.

Jede Abhandlung, Beobachtung, und ſonſt jeder Aufſatz, worüber die Akademie ein **Urtheil** zu fällen hat, ſoll **zweymal** vorgeleſen werden. Das erſtemal geſchieht die Vorleſung, ohne das hierüber geſtimmt wird, und man läßt den Akademiſten von einer Verſammlung zur andern Zeit, das Gehörte zu überdenken. Dadurch werden ſie in Stand geſetzt, bei der folgenden zweyten Vorleſung deſto leichter darüber ihre Meinung zu äuſſern.

§. XXIX.

Bei **Beurtheilung** einer Abhandlung entſcheidet die **Mehrheit** der Stimmen. Erhält ein eingeſendeter Aufſatz die **Gutheiſſung** der Akademie, ſo wird dieſe Gutheiſſung in dem Protokolle dem regiſtrirten Aufſatze zur Seite angemerkt. Iſt die beurtheilte Schrift der Akademie als ein **Aufnahmſtück** zugeſendet worden, ſo wird nach Vorſchrift der 10 = 12 Statute zur Wahl geſchritten. Iſt ſie aber das Werk eines **Mitglieds**, ſo wird dem Verfaſſer von der Gutheiſſung die Nachricht gegeben. Der Sekretär ertheilt ſolche durch ein im Namen der Akademie abgefaßtes Schreiben, welches der Direktor unter dem Akademieſiegel an denjenigen beſtellen läßt, an den es gerichtet iſt.

§. XXX.

§. XXX.

Würde eine eingesendete Arbeit eines abwesenden Mitgliedes zwar, im Ganzen genommen, reichhaltig und der Gutheissung der Akademie würdig befunden, aber man hielte dabei entweder einige kleine Abänderungen nothwendig, oder, daß der behandelte Gegenstand in einem kurz gefaßten Auszuge der Absicht der Akademie besser zusagte, so wird man sich diese Abänderungen zu machen, oder eine zu umständlich behandelte Schrift mehr zusammzuziehen, für erlaubt halten. Jedoch wird der Verfasser hievon jedesmal benachrichtiget, und, wenn er dergleichen Abänderungen sich nicht sollte gefallen lassen, ihm der Aufsatz zurückgesendet werden, ohne daß die Akademie davon Gebrauch macht. Wenn er aber erkläret, daß er die angetragenen Abänderungen billige, wird die Gutheissung ebenfalls in dem Protokolle angemerkt, zugleich aber die Erklärung als eine Beilage dabei aufbewahret.

§. XXXI.

Schriften, deren unbedeutender Inhalt sich bei der ersten Übersicht ankündiget, werden gar nicht gelesen. Würde über den Grad des Werthes, oder Unwerthes bei einer Schrift ein Zweifel erhoben, so muß solche einmal gelesen werden. Wenn dann die Unwichtigkeit derselben entschieden ist, so wird der Schluß dahin gefaßt: daß die Akademie davon nicht Gebrauch machen könne: und dem Verfasser wird auf oben gesagte Art die Nachricht ertheilet.

D 2

§. XXXII.

§. XXXII.

Wenn in einem eingeſendeten Aufſatze beſondre Beobachtungen in Abſicht auf chirurgiſche Operationsmethoden, oder innerliche und äuſſerliche Arzneyen angeführt ſind, ſo wird die Akademie einen, oder mehrere **Kommiſſäre** benennen, um die eingeſchickten Verſuche durch ähnliche **Nachverſuche** zu beſtättigen, und ihre Aechtheit dadurch auſſer allen Zweifel zu ſetzen. Den Kommiſſären wird eine Zeit beſtimmt, in welcher ſie über den Erfolg ihrer Verſuche **ſchriftliche Auskunft** einzureichen haben. Dieſe **Auskunft** bleibt zur jedesmaligen Rechtfertigung der Akademie bei dem Archive aufbewahrt: dem Verfaſſer aber wird von dem Vorgange und Erfolge eine genaue Nachricht gegeben.

§. XXXIII.

Bei ganz **beſonderen** und ihrer Seltenheit wegen vielleicht noch **wenig bekannten** Ereignungen und **Thatſachen** wird derjenige, in deſſen Aufſatze dergleichen angeführt werden, vorſichtig handeln, wenn er dieſelben durch beigelegte **glaubenswürdige Zeugniſſe** zu bekräftigen, Bedacht nimmt. Wo ſolche Gewährleiſtungen fehlen, wird die Akademie den Verfaſſer um den Nachtrag davon erſuchen; ohne dieſelben aber von dem eingeſendeten Aufſatze keinen Gebrauch machen können.

XXXIV.

§. XXXIV.

Eben so, wo es um eine eigne und ausserordentliche pathologiſche Beobachtung zu thun iſt, wird es nothwendig ſeyn, um bei ſo wichtigen Gegenſtänden allen Zweifel auszuſchlieſſen, daß das pathologiſche Präparat ſelbſt, begleitet mit einer genauen Beſchreibung, an die Akademie gelange.

§. XXXV.

Es fließt aus dem eignen Endzwecke der Akademie, daß, wenn ein Mitglied derſelben in der Reſidenz einen Kranken zu beſorgen hat, bei dem etwas vorzüglich Bemerkungswürdiges vorfällt, er davon der Akademie ſogleich Nachricht gebe. Am beſten wird es ſeyn, den Kranken, wenn es die Umſtände erlauben, der Akademie ſelbſt vorzuſtellen. Wo dieſes nicht geſchehen kann, ſollen einige Mitakademiſten eingeladen werden den Kranken zu beſuchen, um über denſelben gemeinſchaftliche Beobachtungen anzuſtellen.

§. XXXVI.

Wird der Kranke der Akademie vorgeſtellt, ſo ſoll über die bei der Unterſuchung gemachten Beobachtungen ein beſonderes Protokoll geführt, und von dem Direktor, Vicedirektor, wie auch demjenigen, in deſſen Behandlung der Kranke ſteht, unterzeichnet werden. Sind die Beobach=

D 3

tungen

tungen auſſer der Akademie von dazu geladenen Akademiſten angeſtellt wor=
den, ſo haben dieſe darüber bei der Akademie eine ſchriftliche, umſtänd=
liche Auskunft zu erſtatten. .

§. XXXVII.

Die eingeſendeten, und von der Akademie gutgeheiſſenen Ab=
handlungen, die beſtättigten, und allenfalls berichtigten fremden ſo=
wohl, als eignen Beobachtungen werden bei dem Archive geſammelt,
bis ſie zur Ausgabe wenigſtens eines mäſſigen Quartbandes zureichend
ſind. Ohne ſich eine beſtimmte Zeit vorzuſchreiben, wird man mit Bekannt=
machung der akademiſchen Verhandlungen fortfahren, je nachdem von
Zeit zu Zeit hinlänglicher Stoff dazu vorhanden ſeyn wird.

§. XXXVIII.

Jedem im Drucke erſcheinenden Bande akademiſcher Verhandlun=
gen wird am Ende ein Namenverzeichniß der wirklichen, einver=
leibten und korreſpondirenden Mitglieder angehängt. Die Namen der=
jenigen, welche zwiſchen der Ausgabe eines und des andern Bandes mit Tod
abgehen, werden in dem folgenden Bande mit einem † bemerkt.

§. XXXIX.

§. XXXIX.

Jedes wirkliche, oder einverleibte Mitglied, welches zu den **Verhandlungen** beiträgt, erhält dieselben von der Akademie unentgeltlich.

§. XL.

Das Andenken eines verstorbenen Mitgliedes der **ersten** und **zweyten Klasse** wird bei der Akademie mit einer Rede gefeyert werden. In dieser Absicht wird man sich bestreben, über dessen Abkunft, Erziehung, Studien, merkwürdige Handlungen, Lebensvorfälle, über dessen Verdienste um das Wohl der Menschheit, seines Vaterlands, um das Wachsthum seiner Berufswissenschaft und dieser Akademie aus richtigen Quellen Kenntniß zu schöpfen, und nach der Wichtigkeit des Inhalts, sein **Ehrengedächtniß** durch den Druck bekannt zu machen.

Vier=

Viertes Kapitel.

Preisaufgaben: Beurtheilung der Preisschriften; Zuerkennung der Preise der ersten Klasse, die in einer goldnen Medaille bestehen.

§. XLI.

Die Akademie wird jährlich zu Ostern unter dem Vorsitze des Direktors in einer eignen Versammlung über die Bestimmung einer Preisfrage berathschlagen, welche einen der wichtigsten Gegenstände aus dem medicinisch = chirurgischen Fache zum Gegenstande haben soll. Die gewählte Preisfrage wird durch die öffentlichen Blätter allgemein bekannt gemacht, insbesondere aber allen Mitgliedern und Oberfeldchirurgen zugesendet.

§. XLII.

Den Mitgliedern der Akademie steht zwar frey, die Preisfrage zu bearbeiten; doch können ihre Arbeiten auf den ausgesetzten Preis keinen Anspruch machen. Ausser den Akademisten ist die Mitwerbung sowohl Eingebohrnen, als Fremden vom Militär und Civilstande offen: die Akademie

aber

aber wird ihrem Ziele sich mehr genähert zu haben, glauben, woferne viele Abhandlungen von den **Chirurgen der kaiserlichen Armee** eintommen.

§ XLIII.

Die Beantwortung der Preisfragen müssen in **deutscher**, oder **lateinischer** Sprache abgefaßt, und **vor Ostern**, entweder an den Protochirurgus, als Director, oder an den Sekretär der Akademie postfrey eingesendet werden.

§. XLIV.

Es wird der **Willkühr** der Mitwerber freygestellt, ob sie ihre Namen auf die Abhandlungen setzen, oder, wie es bei Preisarbeiten sonst üblich ist, die Preisschrift mit einem lateinischen **Denkspruche** bezeichnen, dann ihren **Namen, Amt und Wohnort** in einem mit eben demselben Denkspruche bezeichneten, versiegelten Briefe beilegen wollen. Die Briefe, welche der **gekrönten Preisschrift**, und derjenigen, die das **Accessit** erhält, beiliegen, werden, um die Verfasser zu erkennen, eröffnet: die übrigen bleiben unentsiegelt, und sollen sammt den Abhandlungen, wenn man sie abfodert, zurückgestellet werden.

C   §. XLV.

§. XLV.

Wenn die zur Einſendung beſtimmte Zeit vorüber iſt, ordnet der Sekretär die eingelaufenen Preisſchriften zuſamm, und der Direktor beſtimmt zu ihrer Beurtheilung die Verſammlungstage. Zuerſt werden diejenigen ausgeſondert, die für die wichtigſten gehalten werden können. Jede Abhandlung wird, wie bereits im 28ten Statute feſtgeſetzt worden, zu zwey verſchiedenen Malen vorgenommen, und, nachdem alle das zweytemal abgeleſen worden, über den Vorzug geſtimmet. Der Direktor hat, gleich jedem andern Akademiſten, nur eine Stimme, den Fall ausgenommen, da die Stimmen gleich getheilt wären; wo dann die ſeinige für zwey Stimmen gilt, und den Ausſchlag gibt.

§. XLVI.

Falls keine der eingeſendeten Preisſchriften der Erwartung der Akademie Genüge leiſtete, ſo wird die nämliche Preisaufgabe, indem man bei der Bekanntmachung die Gründe beiſetzt, für das zweyte Jahr wiederholt, und zugleich der Preis verdoppelt. Dieſes geſchieht auch für das dritte Jahr, woferne im zweyten Jahre keine genugthuende Auflöſung eingekommen; und wird im dritten Jahre der dreyfache Preis ausgeſetzt.

§. XLVII.

§. XLVII.

Fände nun die Akademie bei der dritten Wiederholung die Aufgabe nicht nach ihrer Absicht beantwortet, so wird sie sich bemüssigt ansehen, die Hoffnung zu der erwarteten Auflösung ganz aufzugeben: daher für das nächste Jahr eine andre Preisfrage bestimmet, und, weil die Preise durch drey Jahre nicht vertheilt worden, durch die folgenden drey Jahre jedesmal ein doppelter Preis ausgesetzet werden soll.

§. XLVIII.

Wenn der Verfasser der Abhandlung, welcher der Preis zuerkennet worden, in Wien anwesend ist, so empfängt er denselben öffentlich in dem Akademiesaale aus der Hand des Direktors, der ihm bei der Ueberreichung in Namen der Akademie den verdienten Lobspruch ertheilt, und zu der erworbenen Ehre Glück wünschet.   Einem Abwesenden, oder der sonst zugegen zu seyn verhindert wäre, wird der Preis mit einem dem Gegenstande angemessenen Begleitungsschreiben zugesendet.

§. XLIX.

Der Preis besteht in einer goldnen Denkmünze auf der Vorderseite mit dem Bildnisse Seiner Majestät Joseph des II., als Stifters und Beschützers der Akademie: auf der Rückseite mit der Aufschrift:

E 2   Bene

Bene merentibus de arte medico - chirurgica præmium conſtituit
N. N. *MDCCLXXXV.

§. L.

Die gekrönte Preisſchrift wird jedesmal unter dem Namen des
Verfaſſers auf Koſten der Akademie in Druck gelegt werden.

§. LI.

Nach der gekrönten, wird die Akademie noch derjenigen **Abhandlung**, die der erſten in Beantwortung der Preisaufgabe am **nächſten**
kömmt, das **Acceſſit** zuerkennen: auch von denjenigen öffentlich eine **Eh-
renerwähnung** machen, welche, ohne über die Preisfrage im Ganzen hin-
reichend Genüge zu leiſten, ſich durch Verdienſt einzelner Theile vortheil-
haft unterſcheiden.

II. Ab=

*) Den erſten Preis für die militäriſche mediciniſch = chirurgiſche Akademie hat der
k. k. **Stabschirurgus Brendel** geſtiftet, wie zu ſeiner Zeit durch die
Zeitungsblätter angekündiget worden. Um dieſen würdigen Patrioten durch ein
dauerhaftes Denkmal zu ehren, haben Seine Majeſtät befohlen, ſeinen Namen auf der erſten Preismedaille der Akademie der Nachkommenſchaft zu überliefern.

II. Abtheilung.

Ermunterung der Schüler und Ordnung bei Beförderung derselben zu Magistern und Doktoren der Chirurgie.

Erstes Kapitel.

Ermunterung der Zöglinge, die sich noch in der Schule befinden, durch jährliche Preise der zweiten Klasse, welche in silbernen Medaillen bestehen.

§. I.

Um der zahlreichen Jugend, welche bei der Akademie Unterricht empfängt, nebst der Aussicht einer Anstellung, noch von Zeit zu Zeit eine besondere Ermunterung zu geben, sind für die sich unterscheidende Verwendung eigne silberne Preise, im Werthe von 5 und 10 Gulden, gestiftet worden, die von sechs zu sechs Monaten ausgetheilt

werde

werden : wann nämlich jedeſmal *) der kleine anatomiſche und chirurgiſche Kurs für die Anfänger geendiget wird.

§. II.

Dieſe Preismedaillen haben das Bildniß **Sr. Majeſtät,**
Kaiſer Joſephs des II. zum Gepräge, und ſind ausſchlieſ-
ſend für die in der Akademie ſtudierenden, in dem akademiſchen Gebäude wohnenden Unterchirurgen und Praktikanten beſtimmet.

§. III.

Die Wahl derjenigen, welche zu dem Konkurſe um dieſe Be-
lohnung zugelaſſen werden, iſt dem in dem Spitale kommandiren-en
Stabschirurgus und dem **Proſektor** überlaſſen, dieſe haben, nebſt
dem Fortgange in dem Studium der **Anatomie** und **Chirurgie** auf
fleiſſige Verwendung vor dem Krankenbette und gutes ſittliches Betragen zu ſehen.

§. IV.

Die Mitwerber ſollen in dem öffentlichen Hörſaale, in Gegenwart aller Zuhörer, aus der **Anatomie** und **Chirurgie** geprüft werden.

---

*) Nach Vorſchrift des §. IV. Kap. VII. des erſten Theils der **Jnſtruktion**
für die Profeſſoren der k. k. chirurgiſchen Militärakademie.

den. Der Prüfung ſitzen bei der **Direktor, Vicedirektor,** der Pro=
feſſor der **Zergliederung** und **Phyſiologie**, der Profeſſor der **chi=
rurgiſchen Inſtitutionen**, der kommandirende **Stabschirurgus** und
der **Proſektor.** Nach vollendeter Prüfung empfangen diejenigen, welche
von ihrer Verwendung und gemachtem Fortgange vorzügliche Beweiſe
gegeben haben, nach Verhältniß ihres Vorzugs, die gröſſere, oder klei=
nere Medaille. Sind ſie aus der Zahl der unbeſoldeten Zöglinge,
ſo erhalten ſie das Recht, bei dem erſten eröffneten Platze in die Zahl
der Beſoldeten einzurücken.

Zweytes Kapitel.

Eigenſchaften derjenigen, welche zu Magiſtern
der Chirurgie befördert werden wollen: Prüfung zu
dem Magiſtergrade.

§. V.

Der Endzweck dieſer errichteten Lehranſtalt, dem gemeinen Weſen
nämlich ſolche Chirurgen zu bilden, denen die Heilung der Bür=
ger in allen Fällen mit Zuverſicht anvertraut werden kann, würde ent=
weder ganz nicht erreichet, oder doch größtentheils verfehlt, woferne

F ſich)

sich die Akademie nicht zu einem unverbrüchlichen Gesetze machte, bei Prüfung derjenigen mit aller Strenge zu Werk zu gehen, welche von ihr zur wirklichen Ausübung der Chirurgie entlassen werden. Vorläufig hat derjenige, welcher um den Magistergrad anwirbt, bei dem Vicedirektor schriftlich darum anzusuchen, und seiner Bitte die Zeugnisse beizulegen: erstens: daß er bei dieser Akademie den vorgeschriebenen zweyjährigen grossen Lehrkurs vollendet und in der medicinisch = chirurgischen Wissenschaft einen Fortgang der ersten Klasse gemacht: zweytens, daß er durch sechs Jahre, die zwey Jahre des Lehrkurses mit eingeschlossen, in Militär oder Civilspitälern mit eigner Handanlegung praktizirt hat. Einige Tage nach der ersten Meldung hat der Kandidat sich bei dem Vicedirektor um Tag und Stund der Prüfung anzufragen.

§. VI.

Bei dem Magistergrade werden die ordnungsmässigen Schulprüfungen ganz nicht in Anschlag gebracht, sondern sind zwey eigne strenge Prüfungen vorgeschrieben, deren jede zwey Stunden dauern soll. Bei der ersten Prüfung wird eine Stunde auf Gegenstände aus der Physik, Anatomie und Physiologie, die zweyte Stunde ganz auf die Pathologie, als den wesentlichsten wissenschaftlichen Theil verwendet. In der zweyten Prüfung breitet man sich durch eine Stunde über chirurgische Operationen, die Geburtshilfe, über die zu beiden erfoderlichen Bandagen und Instrumente, und die so genannte gerichtliche Chirurgie, aus. Die letzte Stunde durch,

wer=

werden Fragen aus der Arzneywissenschaft, aus der Botanik und Chemie, und von der Materia medica und chirurgica gestellet. Auch werden dem Kandidaten verwickelte praktische Fälle vorgelegt, die er auseinander setzen, dabei die Art der Behandlung erklären, und die Arzneyformeln vorschreiben muß.

§. VII.

Die Prüfungen werden in dem akademischen Saale vorgenommen. Da die Monarchie aus Nationen von mehreren Sprachen zusammengesetzt ist, so wird man den Eingebohrnen der verschiedenen Provinzen die Erleichterung verschaffen, je nachdem die Umstände die Prüfungen fodern, es in deutscher, lateinischer, französischer, oder wälscher Sprache zu halten.

§. VIII.

Den Prüfungen wohnet bei der Direktor, der Professor der Zergliederungskunst und Physiologie, der Professor der chirurgischen Institutionen, der Professor der chirurgischen Operationen, der Professor der praktischen Arzneiwissenschaft, der Professor der Chemie und Botanik. Wenn von diesen sechs ordentlichen Prüfenden Einer zu erscheinen verhindert würde, so vertritt desselben Stelle der kommandirende Stabschirurgus. Falls zwey davon abgängig seyn sollten, kann die Prüfung auch von Fünfen vor-

ge-

genommen werden. Die Nothwendigkeit, ein auswärtiges, wirkliches Mitglied als den sechsten Prüfenden zuzuziehen, wird der Beurtheilung des Direktors überlassen.

§. IX.

Jeder Professor wird seine Fragen aus den Gegenständen schöpfen, welche er in seinen Vorlesungen behandelt, der Direktor aber sich in das Allgemeine und vorzugsweise auf dasjenige verbreiten, was auf der Kandidaten Beruf, und die praktische Anwendung ihrer erworbenen Kenntnisse eine bestimmtere Beziehung haben kann. Der Beweis von der Fähigkeit des Geprüften ist ohne Zweifel zuverlässiger, wenn er eine wichtige Materie ganz erschöpfen muß, als, wenn die Fragen so sehr vervielfältiget werden, daß ihm über jede, mehr als eine oberflächliche Antwort zu geben, nicht einmal Zeit genug übrig ist. Um nun der Prüfung im Ganzen eine solche Ordnung und Verbindung zu geben, daß sie eine Materie von Grund aus erschöpfe, werden die Professores wohlthun, vorläufig unter sich über den Gang derselben übereinzukommen, und die Fragen so zu wählen, daß sie von einem wissenschaftlichen Theile zu dem andern in einem gewissen Zusammenhang stehen: z. B. der Professor der chirurgischen Institutionen werfe Fragen über diejenigen Theile auf, welche der Kandidat nur eben dem Professor der Zergliederung anatomisch erklären mußte! der Professor der Operationenlehre prüfe über solche Operationen,

die

die ebenfalls an dem anatomiſch erklärten Theile vorgenommen zu wer=
den pflegen u. ſ. w.

§. X.

Man erwartet von Männern, deren Rechtſchaffenheit ſie ihrer
Pflicht und eignen Ehre niemals uneingedenk laſſen wird, mit Zuverſicht,
daß ſich bei Prüfungen keine Leidenſchaft weder für, noch gegen einen
Kandidaten einmengen wird. Ueberhaupt muß ihr Betragen, bei dieſer
Gelegenheit ſo geartet ſeyn, daß es, ſtatt den jungen Mann, den ſie
vor ſich haben, muthlos zu machen, ihn vielmehr alle Blödigkeit zu be=
nehmen, und ſein vielleicht unzeitiges Schrecken zu zerſtreuen fähig iſt.

§. XI.

Nach vollendeter Prüfung tritt der Geprüfte aus dem Saale
ab, und wird über ihn geſtimmt. Die Stimmung geſchieht mittelſt der
Ballote, wozu die weiſſen und ſchwarzen Kugeln in einem Käſtchen
zur Hand ſeyn werden. In eben dieſem Käſtchen ſoll ein anderes geſchloſ=
ſenes Gefäß bereit ſeyn, worein die Kugeln bei der Stimmung geworfen
werden. Bekanntermaſſen ſind die **weiſſen, Beifallsloſe,** die **ſchwar=**
zen Loſe der Verwerfung. Der Direktor zählet nach geſchehener Bal=
lotirung die Kugeln, und erklärt, wohin die Ballote ausgefallen, wel=
ches von dem Sekretär in das Protokoll getragen wird. Um zu dem
Magiſtergrade für tauglich erkannt zu werden, muß der Kandidat we=

nigstens vier weiſſe Kugeln erhalten. Vier ſchwarze Kugeln ver=
werfen vollkommen. Sind die Stimmen durch drey weiſſe und eben
ſo viele ſchwarze Kugeln gleich getheilt, ſo wird der Geprüfte zur
Nachholung der noch mangelnden Kenntniſſe angewieſen, und ihm bis
zur abermaligen Prüfung eine Friſt von ſechs Monaten, höchſtens von
einem Jahre zugeſtanden.

§. XII.

Iſt die Ballote für den Geprüften ausgefallen, ſo wird er in den
Saal zurückberufen, wo ihm ſeine Beförderung zum Magiſter der Chi=
rurgie mit folgender Förmlichkeit bedeutet wird: „ Nachdem Sie bei
„den mit Ihnen nach Vorſchrift und Ordnung vorgenommenen
„Prüfungen — vollkommen, oder zureichend — Genüge geleiſtet
„haben, ſo ernenne ich kraft der, dieſer Akademie, und mir als der=
„ſelben Direktor, von der Huld Sr. Majeſtät verliehenen Gewalt
„Sie zum Magiſter der Chirurgie, und ſetze Sie hiemit in alle
„Gerechtſame und Befreyungen ein, die Ihnen bei der Stelle
„welche ſie gegenwärtig bekleiden, oder künftig bekleiden ſollten,
„nöthig ſind, und welche von Sr. Majeſtät dem von Ihnen erhal=
„tenen Grade ertheilt worden. „

§. XIII.

Hierauf hat der Beförderte den in dem IV. Kapitel vorge=
ſchriebenen Eid abzulegen, und erhält das Diplom ſeines Grades.

Drit=

Drittes Kapitel.

Eigenschaften derjenigen, welche um die Dok=
torwürde ansuchen: Prüfungen zu dem Doktorate.

§. XIV.

Um die Doktorwürde zu erlangen, muß der Anwerber durch Zeug=
nisse darthun, daß er den zweyjährigen grossen Lehrkurs bei der
Akademie mit einem in der medicinisch = chirurgischen Wissen=
schaft gemachten vorzüglichen Fortgange der ersten Klasse vol=
lendet, und daß er in Militär, oder Civilkrankenspitälern mit
eigner Handanlegung volle acht Jahre, die zwey Jahre des Lehr=
kurses mit eingerechnet, praktizirt hat.

§. XV.

Da laut der bei der Armee bekannt gemachten allerhöchsten Ver=
ordnung vom 31. August 1781 auch die bereits bei den Regimentern ange=
stellten Feldchirurgen, wenn sie zu Magistern, und Doktoren der
Chirurgie befördert werden wollen, verpflichtet sind, vorher in dieser
Akademie den zweyjährigen grossen Kurs mit Verwendung und Nutzen
zu vollstrecken, so hat die Akademie sich die allgemeine Ordnung vorge=
schrie=

schrieben, bei ihren Beförderungen überhaupt, den wo immer auf einer Universität, oder einem Lyceum erhaltenen Magistergrad nicht einzurechnen, und die ordnungsmässige Vollendung des grossen zweyjährigen Lehrkurses bei ihrer Lehranstalt von allen Beförderungswerbern als ein wesentliches Bedingniß zu fodern. Das Ansuchen um das Doktorat geschieht auf die nämliche Weise, wie um den Magistergrad.

§. XVI.

Für das Doktorat sind drey Prüfungen vorgeschrieben. Die beiden ersten werden in der Ordnung, wie die Prüfungen eines Magisters gehalten, nur mit verschärfter Strenge, und daß vier weisse Kugeln nicht zureichen, sondern die Ballote mit allen sechs Kugeln weiß ausfallen muß. Indessen kann auch ein zuerst nur als Magister Geprüfter, wenn er bei den zwey Prüfungen allgemeinen Beifall erhalten, nach der Hand zur dritten Prüfung um die Doktorwürde zugelassen werden, wenn er das Zeugniß nachträgt, daß er seit seiner Beförderung noch zwey Jahre in einem Militär, oder Civilkrankenspitale mit Verwendung praktizirt hat.

§. XVII.

Die dritte Prüfung wird in dem öffentlichen Hörsaale gehalten, und können derselben nicht nur die Schüler der Akademie beiwohnen, sondern werden auch fremde Zuhörer eigens dazu geladen. Sie besteht in

in einer chirurgifchen Operation, welche der Kandidat an einem Kada=
ver zu machen hat. Der Profeffor der Operationslehre hat zu be=
forgen, daß alle Operationen auf verfchloffenen Zeddeln gefchrieben, in
einem Gefäffe zur Hand gehalten werden, von denen er eine zieht,
welche dann der Kandidat zu verrichten haben wird. Ift die her=
ausgezogene Operation von Wichtigkeit, fo kann **eine** zur Prüfung zu=
reichen: kleinere Operationen werden **zwey** gefodert.

§. XVIII.

Da bei einigen Operationen die wirkliche Ausübung eine me=
chanifche Handverrichtung ift, fo muß der Kandidat, bevor er zu
derfelben felbft fchreitet, Beweife ablegen, daß er mit der **Theorie**
der Operation, welche er vornimmt, in ihrem ganzen, manchmal weit
verbreiteten Umfange bewandert ift, und die ächten Beweggründe, wel=
che dazu beftimmen können, vollkommen einfieht. Aus diefer Urfache hat er
eine kurzgefaßte, aber vollftändige Erklärung vorauszufchicken, worin er die
Krankheiten, bei welchen die Operationen anwendbar, die **Zufälle**,
welche dabei treffen können, die **Anzeigen** und **Gegenanzeigen**, end=
lich die **Vorfichtigkeitsregeln** anzeigt, die fowohl vor, als **wäh=
rend** und **nach** der Operation zu beobachten find. Die Operation an
dem Kadaver muß daher mit aller der Behutfamkeit vorgenommen werden,
als ob fie an einem **Lebenden** verrichtet würde.

G   §. XIX.

§. XIX.

Gewöhnlicher Weise muß diese **Erklärung ohne** Beihilfe eines Aufſaßes gegeben werden. Aber da die Gabe des mündlichen Vortrags ohne Vorbereitung nicht allgemein, und Mangel der hiezu nothwendigen Faſſung nicht immer ein Beweis von dem Mangel der Fähigkeit iſt, ſo kann einem minder beherzten Kandidaten, welcher bereits bei den vorhergegangenen zwey Prüfungen **vollkommen** Genüge geleiſtet, erlaubt werden, ſich eine Stunde vor der Operation in **ein** an den Hörſaal ſtoſſendes Kabinet zu begeben, ſeine Gedanken zu Papier zu bringen, und ſolche dann **aus ſeinem Aufſaße** vorzutragen.

§. XX.

Die zu der Operation erfoderlichen Inſtrumente, Bandagen und andere Kunſtgeräthſchaften werden dem Operateur aus dem Vorrathe der Akademie gereicht. Aber es iſt ein Theil der Prüfung mit, daß der Kandidat ſolche ſelbſt **wählet**, und zwar nach der **Ordnung**, als er davon bei der Operation Gebrauch zu machen hat.

§. XXI.

Man hat bei der Akademie zu einem **Grundgeſeße** angenommen, ſowohl in der Anleitung, als Ausübung alle **ungewöhnlichen**, nicht allgemein gutgeheiſſenen Operationsmethoden, oder ſolche, die gefahr-

voll

voll und in ihren Folgen schädlich seyn können, zu verwerfen. Die Kandidaten sind daher bei dieser Prüfung verbunden, ihre Operationen in der Ordnung, und nach der Methode einzurichten, die auf der Akademie gelehrt wird.

§. XXII.

Da alle Handverrichtungen der Chirurgie von einem genauen anatomischen Kenntnisse geleitet werden, und nur von demselben ihre Zuverlässigkeit erhalten, so läßt man den Kandidaten auch einen öffentlichen Beweis ablegen, daß er die Zergliederung vollkommen inne hat. Zu diesem Ende wird der Direktor oder Professor der Anatomie ihm einen Theil eines Kadavers bestimmen, welchen er in dem öffentlichen Hörsaale anatomisch zubereiten und genau demonstriren, zugleich die physiologische Theorie, oder eigentliche Verrichtung dieses Theils erklären muß.

§. XXIII.

Wenn nach diesen sämmtlichen Prüfungen die Ballote einstimmig für den Kandidaten ausfällt, wird ihm seine Beförderung zum Doktorate in dem nämlichen Hörsaale, worin die dritte Prüfung gehalten worden, mit folgenden Worten öffentlich angekündiget: „ Nachdem „ Sie ihre theoretischen und praktischen Studien, der Vorschrift „ und Ordnung unserer akademischen Gesetze gemäß, vollendet,

„ und die vorgenommenen Prüfungen über ihre in allen Theilen
„ der medicinisch = chirurgischen Wissenschaft erworbenen gründli=
„ chen Kenntnisse öffentliche Beweise mit ungetheiltem Beifalle
„ abgeleget haben, so ernenne ich, nach der dieser Akademie, und
„ mir, als Direktor derselben, von Sr. Majestät verliehenen
„ Gewalt, Sie hiemit zu einem Doktor der Chirurgie (indem er
„ dem Kandidaten den Doktorhut auffetzt) und setze Sie hiemit zu=
„ gleich in alle Gerechtsame und Befreyungen ein, welche von
„ dem Monarchen dieser Würde ertheilt worden : kraft deren
„ Sie von nun an sowohl bei der Armee, als dem Civilstande,
„ die medicinisch = chirurgische Kunst aller Orten frey ausüben,
„ überall sich der Ehrenbenennung eines Doktors der Chirurgie
„ gebrauchen, und in dieser Eigenschaft die ersten damit verbun=
„ denen Stellen bekleiden können.

§. XXIV.

Hierauf hat der Beförderte den in folgendem Kapitel vorge=
schriebenen Eid abzulegen, und erhält das Diplom seines Grades.

Viertes

Viertes Kapitel.

Eidliche Angelobung für die Magister und Doktoren der Chirurgie.

§. XXV.

Der Beförderte ließt stehend, mit emporgehobenen drey Fingern der rechten Hand, und vernehmbarer Stimme folgende Eidsformel ab:

„ Ich gelobe hiemit eidlich, Seiner Majestät dem Kaiser
„ mit aller pflichtmässigen Treue ergeben zu seyn, in deren allerhöchstem
„ Dienste stets allen möglichen Fleiß und Eifer zu bezeigen, mich gegen
„ meine Vorgesetzte jederzeit gehorsam und achtungsvoll zu betragen,
„ und überhaupt ihrer Einsicht und Leitung in allen, den Dienst des
„ Staates, und das Wohl meiner Mitbürger betreffenden Fällen
„ zu überlassen.

§. XXVI.

„ Mich im Dienste der Kranken, die sich mir anvertrauen, ohne
„ Unterschied des Standes und Vermögens mit gleicher Liebe und Aemsigkeit
„ zu verwenden; auch in dieser Rücksicht weder Gefahr, oder Ansteckung,

noch

„ noch irgend eine Mühe zu scheuen, und daher es als eine meiner wesent=
„ lichen Berufspflichten zu betrachten, gefährlichen Kranken, oder schwer
„ Verwundeten ohne Zeitverlust bei Tag und Nacht gleich thätig bei=
„ zuspringen.

§. XXVII.

„ Mir angelegen seyn zu lassen, daß Kranke, oder Verwundete
„ bei Zeit sowohl ihre zeitlichen Angelegenheiten in Ordnung bringen,
„ als für das Heil ihrer Seele besorgt seyn ; auch die neugebohrnen
„ schwachen Kinder christlicher Aeltern sogleich zu taufen, oder ihre
„ Taufe zu veranstalten.

§. XXVIII.

„ Vorzüglich werde ich es für ein unüberschreitbares Gesetz an=
„ sehen, mich durch keinen Vorwand zur Verschreibung, oder Reichung
„ solcher Mittel verleiten zu lassen, welche auf mittelbare, oder unmit=
„ telbare Weise die Abtreibung eines Kindes verursachen, oder befördern
„ könnten.

§. XXIX.

„ Eben so wenig werde ich sogenannte heroische, und als heftig
„ wirkend anerkannte Mittel, vorzüglich Arsenikalpräparate, weder

unter

„ unter dem Namen von Heilmitteln für gewiſſe Krankheiten anwenden,
„ noch weniger aber bei meinen Kranken mit ſelben Verſuche anſtellen.

§. XXX.

„ In Anſehen derjenigen Perſonen, die ſich mir mit geheimen
„ Krankheiten anvertrauen, werde ich als ein Mann von Pflicht und Ehre
„ ewig das ſtrengſte Stillſchweigen beobachten; überhaupt auch das Zu=
„ trauen der Häuſer, wohin ich berufen werde, durch keine Art von
„ Verführung für mich, oder andere mißbrauchen.

§. XXXI.

„ Ich gelobe ferners, in Fällen, wo ich nach meinem Stande,
„ oder aus Amtspflicht Zeugniſſe auszuſtellen, oder ſonſt meinen Vorge=
„ ſetzten über Verwundungen- und Gewaltthaten ſchriftlich, oder münd=
„ lich Bericht zu erſtatten haben werde, nie mich durch Eigennutz, oder
„ andere Nebenabſichten leiten zu laſſen, um etwas zu Gunſt oder Nach=
„ theil zu vergröſſern, oder zu vermindern, ſondern ſtets nach meinem Be=
„ finden, nach Wahrheit und Gewiſſen zu handeln, zu ſprechen und zu.
„ ſchreiben.

XXXII

§. XXXII.

„ Zuletzt gelobe ich, von Apothekern weder an Geld, noch Geldes=
„ werth Geschenke anzunehmen, noch mich mit ihnen auf andere Art in
„ irgend ein geheimes Verständniß zum Nachtheile meiner Pflicht, des all=
„ gemeinen Gesundheitstandes, und meiner Kranken einzulassen; eben so
„ wenig endlich selbst mich öffentlich, oder auf verborgenen Wegen mit dem
„ Verkaufe von Antidoten und Arzneymitteln jemals zu bemengen.

Fünftes Kapitel.

Beförderungstaxen, Verwaltung der Taxkasse, Ausfertigung der Diplome.

§. XXXIII.

Die Taxen, welche für die Beförderung erlegt werden, sind ein billiges Honorarium der Examinatoren für die besondere Bemühung und Zeit, welche sie den Prüfungen der Kandidaten zuwenden müssen.

§. XXXIV.

§. XXXIV.

Für die Beförderung zum Doktorate ist die Taxe vier und zwanzig, für den Magistergrad zwölf Dukaten.

§. XXXV.

Diejenigen , welche bei der Akademie schon vorher zu Magistern befördert worden , wenn sie nach der Hand den Doktorgrad ansuchen, haben nur zwölf Dukaten zu entrichten , da sie bei der ersten Beförderung bereits zwölf erlegt haben. Auswärts beförderte Magister aber , die bei der Akademie das Doktorat verlangen , erlegen die ganze Taxe von vier und zwanzig Dukaten.

§. XXXVI.

Die Beförderungstaxen werden erlegt , sobald dem Anwerber die Zeit zu den Prüfungen bestimmt wird. Der Vicedirektor, durch welchen diese Bedeutung geschieht, hat auch die Taxe in Empfang zu nehmen, und die geschehene Erlage mit dem Tauf und Zunamen des Kandidaten zu protokolliren. Nach geendigter Prüfung merkt er in dem Protokolle an, ob der Geprüfte wirklich befördert worden ; ob mit einstimmigen Beifall, oder nur durch die erfoderte zwey Drittheile: oder, ob er verworfen worden.

H   § XXXVII.

§. XXXVII.

In diesem letzten Falle verliert der Geprüfte die Hälfte der erlegten Taxe zu Gunst der Taxenkasse, sowohl, weil die Mühe der Examinatoren dennoch dieselbe gewesen, als, um durch Besorgniß dieses Verlusts einigermaßen die Unfähigen von den fruchtlosen Prüfungen abzuhalten.

§. XXXVIII.

Fände sich ein Studierender zu Erlegung der Taxe unvermögend, aber wegen vorzüglicher Talente, Verwendung und anerkannter Geschicklichkeit besonderer Rücksicht würdig, so wird er, nach dem Uebereinkommen des Direktors und Vicedirektors unentgeltlich zur Prüfung gelassen und befördert werden.

§. XXXIX.

Die Verwaltung der Taxenkasse und die Berechnung darüber hat der Vicedirektor allein über sich, der daher auch dafür zu haften hat. Die Kasse, bei welcher auch die Preismedaillen bis zu ihrer Austheilung beizulegen sind, müssen wie die Diplome der Akademie stets in dem Archive aufbehalten werden. Ohne Vorwissen des Direktors kann daraus keine Zahlung geschehen, und steht es diesem letzteren frey, wann er es für gut findet, die Kasse nachzusehen.

LX.

§. XL.

Bei der jährlichen Wahl des Vicedirektors übergibt der Abgehende dem Nachfolger, in Gegenwart des Direktors, den Kaſſeſtand mit den dazu gehörigen Rechnungen und Belegen.

§. XLI.

Von ſechs zu ſechs Monaten, wenn die eingegangenen Taxen zuſammengerechnet worden, machen die Examinatoren unter ſich die Theilung von dem ganzen Betrage: nur muß die Auslage für die Diplomen und andere kleine Auslagen davon beſtritten werden.

§. XLII.

Zu dieſen Diplomen iſt ein eignes Formular angenommen; und findet die Akademie ſolche in lateiniſcher Sprache abzufaſſen, zuträglich, damit ſie auch auſſerhalb Deutſchlands verſtanden werden. Sowohl für die Doktoren, als Magiſter wird das Diplom auf Pergament, unter einem Guldenſtempel geſchrieben, und zuerſt von dem Sekretär, dann von dem Vicedirektor und Direktor unterfertiget. Das Siegel für den Magiſtergrad wird in einer hölzernen, für das Doktorat in einer metallenen Büchſe an einer gelb und ſchwarz vermengten ſeidnen Schnur angehängt.

§. XLIII.

Der Sekretär behändiget den Beförderten das Diplom unentgeltlich. Nur diejenigen, welchen die **Prüfungstaxen** nachgesehen worden, dann die, welche zuerst zu **Magistern**, und nachher zu **Doktoren** befördert worden, mithin zwey Diplomen erhalten, haben bei Behändigung des Diploms **sechs** Gulden zu erlegen.

Sechstes Kapitel.

Rechte und Vorzüge, welche mit dem Diplome verbunden sind.

---

§. XLIV.

Kraft einer vom 15. Hornung dieses Jahrs 1786 erflossenen allerhöchsten Entschlüssung, und laut des dritten Artikels des am Eingange stehenden k. k. **Erhebungsdiploms**, gibt das von der Akademie ausgefertigte Diplom dem Eigenthümer das Recht, seine Wissenschaft

ſchaft nach dem erhaltenen Grade in allen öſterreichiſchen Staaten ſowohl bei dem Militär, als Civil, auszuüben; ertheilt ihm auch die Fähig= keit zu allen öffentlichen und landesfürſtlichen der Chirurgie angemeſſe= nen Aemtern zu gelangen.

§. XLV.

Durch eine unter dem 31 Auguſt 1781 für die Armee ergan= gene Verordnung Seiner Majeſtät iſt feſtgeſetzt worden, daß zu Haupt= prüfungen bei erbländiſchen Univerſitäten keine anderen Feldchirurgen zugelaſſen werden ſollen, als welche den zweyjährigen Lehrkurs bei der joſephiniſchen Akademie gehört haben. Daher ſind alle Hauptprü= fungen, welche nach dieſer Zeit bei was immer für einer Univerſität von den Chirurgen abgelegt worden, ohne vorher den vorgeſchriebenen Lehrkurs vollendet zu haben, bei der Akademie als ungültig anzuſehen.

§. XLVI.

Bei der k. k. Armee können in Zukunft ausſchließend **nur** die= jenigen in chirurgiſchen Aemtern zu höheren Graden gelangen, welche ihre bei der Akademie erhaltene Beförderung als Magiſter, oder Doktoren **durch akademiſche Diplome** beweiſen. Daher diejenigen, welche vor= zurücken ſuchen, woferne ſie **vor** dem 15. Hornung 1786 ihren Gra= dus erhalten, das Diplom darüber dem Protochirurgus im Original vorzuzeigen haben. Die nach dieser Zeit Beförderten können aus dem Protokolle der Akademie erhoben werden.

§. XLVII.

Endlich ist der Billigkeit gemäß, daß den **Doktoren** der Chi= rurgie, da sie bei den Prüfungen von ihren Kenntnissen mehrere, und weiter verbreitete Beweise als die **Magister** gegeben, auch bei Vorrü= ckungen überhaupt vor den Letzteren der Vorzug versichert sey; insbe= sondere aber können zu den Lehrämtern der Akademie, oder zu Stabschi= rurgusstellen in Zukunft keine andere gelangen, als welche die **Dok=** **torwürde** bei der Akademie erhalten haben.

Wien den 5ten April 1786.

Brambilla.

Ge=

Genehmgehalten:

Joseph.

A. G. v. Hadik.

Ad Mandatum Sacᵉ⁻ Cæſⁱ⁻
Regiæ Majeſtatis proprium

Ludwig von Türkheim.